कुछ सत्य कुछ समझ

कुछ सत्य
कुछ समझ

डॉ॰ सत्यम् प्रियदर्शी

ZORBA BOOKS

ZORBA BOOKS

Published by Zorba Books, November 2023
Website: www.zorbabooks.com
Email: info@zorbabooks.com

Title: **Kuch Satya Kuch Samajh**
Author Name: Dr. Satyam Priyadarshy

Printbook ISBN :- 978-93-5896-075-4
Ebook ISBN :- 978-93-5896-774-6

Zorba Books Pvt. Ltd. (opc)
Sushant Arcade,
Next to Courtyard Marriot,
Sushant Lok 1, Gurgaon – 122009, India

Printed by Manipal Technologies Limited
A1 & A2 Shivalli Industrial Area Manipal Udupi, Karnataka – 576104

अनुक्रमणिका

श्रीमति देवेंद्रा कृष्णा

माँ

सर्वश्रेष्ठ प्रथम गुरु है माँ
भगवान भी नत मस्तक आगे होते है
सृष्टि भी सदा ऋणी आभारी होती है

सत्य ज्ञान की प्रतिमा है माँ
हम जो भी है आशीर्वाद है उसके
कर्मो से अपने मान बड़ाते रहे उसके

निस्वार्थ स्नेह का भंडार है माँ
हमारे सब सदगुणो की दाता है वो
हमारे व्यवहार से शर्मसार न हो वो

पाई अनोमल शिक्षा हमने तुमसे माँ
वरना चल पाते नहीं कर्म पथ पर
होती नहीं साधना भक्ति मार्ग पर

भगवान के अलावा, अंतिम सत्य है माँ

शिव ही है कुल सत्य

शिव ही है प्रथम सत्य
शिव ही तो है अनंत
शिव ही तो है शक्ति
शिव ही तो है भक्ति
शिव ही तो है ब्रह्म
शिव ही तो है भंगवत
शिव ही तो है अनादि
शिव ही है अंतिम सत्य

नारी बिना

नारी बिना शक्ति कहाँ
माँ बिना ममता नहीं

नारी बिना आत्मीयता कहाँ
प्रेयसी बिना प्रेम नहीं

नारी बिना लक्ष्मी कहाँ
बेटी बिना रौनक़ नहीं

नारी बिना बहन कहाँ
बहन बिना भाई नहीं

नारी बिना स्वर्ग कहाँ
पत्नी बिना पति नहीं

नारी बिना ऋचा कहाँ
राधा बिना कृष्ण नहीं

विश्वास

अपनो से धोखा वहीं खाते है
जो उन पर ख़ुद से ज़्यादा विश्वास करते है

उस हद तक ही करो अपनो पर विश्वास
जिस से मानवता से कम न हो विश्वास

जो अपनो पर ख़ुद से ज़्यादा करते है विश्वास
उन्हीं का धोखे से नीलाम होता है विश्वास

कैकयी, कंस पर किया था अटूट विश्वास
दशरथ, देवकी को मिला जो टूट गया विश्वास

दुश्मन धोखे न करेगा वार है अटल विश्वास
अपने ही छल करेंगे होता नहीं विश्वास

क्या कहूँ

सनातन का सत्य न समझ कर जीने वालो
डर डर निज स्वार्थ पूजा करके जीने वालो

ईश्वर-अंश होकर दीनता दिखा भिख़ माँगने से
श्री भगवत् कृपा का फल नहीं मिला करता है

गुरु सेवा करते हुए जननी को भुलाने वालो
बिना संत सत्संग का चोला ओड़ने वालो

सेवा के नाम पर आडंबर का भय दिखाने से
श्री भगवान का प्रसाद मिला नहीं करता है

क्यों आया हूँ

पग पग से
क्षल आवरण उठाने आया हूँ
स्वघोषित अवतारों से
सनातन धर्म बचाने आया हूँ

गुरु घंटाल महिमा से
कृष्ण महिमा बचाने आया हूँ
हितेषी मुखोटे से
शकुनि पहचान बताने आया हूँ

कपट फ़ैलने से
पहले सुदर्शन आवाहन करने आया हूँ
मायाबी सम्मोहन से
बालाओ को जगाने आया हूँ

प्रेम व्यापार से
प्रीत मूल्य समझाने आया हूँ

अपमान सह कर
परिवार धन जोड़ने आया हूँ

चोट भी खा कर
देश प्रेम बड़ाने आया हूँ
सत्य राह चल कर
नाम सार्थक करने आया हूँ

दिखता है कैसे

निःसीम आसमान दिखता है,
खुली आँखो से
संसार अति छोटा दिखता है,
तकनीकी लेन्स से

अंधकार दूर तलक दिखता है,
अज्ञान के चश्मे से
झूठ कपट उजागर दिखता है,
जागृत आँखो से
पत्तियों का झूमना दिखता है,
सूक्ष्म आँखो से

सृष्टि की ऋचायें दिखती है,
ज्ञान आँखों से
ब्रह्मांड समाया दिखता है,
आत्मा की आँखों से

बुलबुले

आये हो आसमान से,
जो पास मेरे तुम

ठहरो मेरे आग़ोश में,
ए बुलबुले तुम

पता है रुकोगे नहीं,
चुलबुले हो तुम

समा जायोगे धरती में,
हमेशा के लिए तुम

क्षण भर मुस्करा कर,
दे देते हो जीवन भर का सुख़ तुम

स्वच्छ निर्मलता का आभास,
करा धन्य किया तुमने

मोती सी चमक लिए,
खिंचा मोह पाश में तुमने

क्षण भंगुर जीवन में,
जीवन रहस्य समझाया तुमने

अनोखा अद्भुत खेल

शुरू किया है अब उसने अनोखा खेल
जीवन के इस पड़ाव पर ये अज़ब खेल

अब होगा नहीं यह बिन बाज़ी का खेल
अंजाम तक तो पहुँचाना होगा यह खेल

आदत नहीं हमें हारने की कैसा भी खेल
उनका हिसाब नतिज़े से होगा अद्भुत खेल

क्यों लगे

जिस का कोई विश्वास नहीं
क्यों लगे तुम उसको प्रतिष्ठित बनाने में

जिस के पास अर्जित ज्ञान नहीं
क्यों लगे तुम उसको गुरु बनाने में

जिस का कर्म धर्म परायण नहीं
क्यों लगे तुम उसको संत बनाने में

जिस का कोई अपना चरित्र नहीं
क्यों लगे तुम उसको भगवान बनाने में

जिस का कोई विश्वास नहीं
क्यों लगे तुम उसको प्रतिष्ठित बनाने में

संस्कार और मनुष्य

संस्कार किसी को धरोहर में नहीं मिलते
कुकर्म करके निज गुरु को शर्मसार करते

नाम कृष्ण गोपिका धर कृष्ण नहीं मिलते
भजन आड़ में न जाने किसको को भजते

पोंड्रक निज कहे कृष्ण तो कृष्ण नहीं बनते
संस्कार किसी को धरोहर में नहीं मिलते

कृष्ण अनुमोदित

हो दानवीर या शूरवीर वो
जब नहीं कर्म, धर्म परायण

क्षमा नहीं, हो जब निहत्था वो
वध उसका उचित, धर्म परायण

अमृत बेला

थोड़ा पीछे मुड़कर तो देख भारत
इस अमृत बेला में तो संभल भारत

गौरवशाली विश्व गुरु रहा है भारत
चंद जयचंदो ने नीलाम किया था भारत

परंपरा ज्ञान धर्म सर्वपरि रही जहाँ
काल नयमियों ने सेंध लगाई थी जहाँ

थोड़ा पीछे मुड़कर तो देख भारत
इस अमृत बेला में तो संभल भारत

अपने विवेक के मंथन की बेला है
मोहिनी विष्णु को न ताको तुम

सत्य सनातन ही अमृत कलश है
हर पाम पान करो इसका तुम

सनातन मूल्यों का उत्थान करेगा भारत
विश्व गुरु फिर से होगा अपना भारत

शुभ स्वराज दो हज़ार चौदह से आया है भारत
गर्व से अमृत महोत्सव मनाओ भारत

राखी

जब तक बहन न लायी थी राखी
रक्षा बंधन का त्योहार फीका बिना राखी

कच्चे धागों से बनी थी राखी
भाई की कलाई चमकाती ये राखी

अटूट प्यार से जोड़ती सदा राखी
तोड़े से न टूटे रिश्ता जोड़े राखी

अनोखा भाई-बहन का रिश्ता जीवन भर
पास रहे या दूर रहे सबसे निराला प्रेम जीवन भर

रुकावटें हारी विश्वास से

कोशिश तो करी कई, परिस्तिथियो ने
न दु इसको पनपने

प्रयत्न कईओ ने करे, ऊँचाई से
इसको गिराने में

औरों की क्या, अपनो की चाल ने
कई करी रुकावटें

कृष्ण ज्ञान से विश्वास जगाया मैंने
क्षतिजि मंज़िल पाने की ठान ली जब मैंने
रास्ता अनचला ही सही,
धर्म समत लिया मैंने

औरों और अपनो को बदहाल
छोड़ दिया मैंने

कृष्ण अनुमोदित दमन
किया उसका मैंने

सूरज

तप कर, स्वयं को जलाकर
जग रोशन करना पड़ता है

चाहे बदल, चाहे तूफ़ान
सामने आकर संसार चलना पड़ता है
प्रकाश की किरणो को
हर कोने पहुँचाना पड़ता है
तब जाकर सूरज कहलाया जाता है

भारी पड़ा

आज का दौर
एक निर्जीव अणु,
जीवंत प्राणियो पर
भारी पड़ा

तुच्छ जानवर खाना
समझदार इंसान पर
भारी पड़ा

फिर विश्वास हिंदी-चीनी
भाई-भाई नारे पर
भारी पड़ा
सनातन संस्कृति छोड़ना
मनुष्य जीवन पर
भारी पड़ा

धर्म से

ज्ञान इसका रहे सदा तुम को
अंत कपटियो का जायज़ धर्म से

छोड़ देते कृष्ण अगर शिशुपाल को
उठ जाता भरोसा सत्य वादे से

न देते कृष्ण अंजाम कर्ण को
पैदा होता संशय अभिमन्यु वीरता से

ज्ञान इसका रहे सदा तुम को
अंत कपटियो का जायज़ धर्म से

चरित्र

महा पंडित रावण का अंजाम

तप से
महापंडित बनकर फिर भी
संगीत से
शिव तांडव रच कर भी
छल से
परनारी हर लाया वो

केवल इस एक
चरित्र हीन कर्म के कारण

खोया तप का प्रताप सारा
ख़त्म पाया उसने वंश सारा

महाविद्वान हो कर भी
न पूजा जाता रावण आज भी

महाभरत संदेश का महत्व

क्या मिला तेरह बार क्षमा करके
मिला धोखा लोधी से चौहान को

क्या मिला नापाक को माफ़ करके
मिले कारगिल सैनिको के शीश भारत को

क्या मिला १९४६ सीधी करवाई भूल करके
पत्थर और आग से करोलि नरसंघार २०२२ को

काश महाभरत के संदेश समझे होते
पछताना पड़ता है, करके क्षमा अधर्मी को

शमूल नष्ट विश्वासघाती का कृष्ण अनुमत
दानवीर हो या शूरवीर बचाओ धर्म को

वक़्त और मजबूरी

मजबूरियाँ क्यों पैदा की हमने
वक़्त रहते ध्यान दिया नहीं हमने

समय तो चलायमान है
उसका क्या दोष
जरूरत से ज्यादा लेना
रहा हमारा दोष

अवसर अब भी है संकेत देता वक़्त
जियो प्रकृति संग प्रेम से हर वक़्त

राना को सबक़

भुला पाना बहुत मुश्किल है सब कुछ याद रहता है
बड़बोलो का एहसान फरामोश होना याद रहता है

नीच मानसिकता दिखाने वाला तो कैदी होता है
सनातन संस्कार मानने वाला तो आज़ाद होता है

प्रगतिशील उत्तर प्रदेश में रहने के
कुछ आदाब होते है
उधर हरगिज़ बेअदब सैय्याद के ठिकाने
नहीं होते है

हमे राना याद कराने में कोई सत्य संकोच नहीं होता
ईमान होता तुम में ख़ुद के वचन पर
अमल किया होता

संस्कृति सम्मान केसरिया

सनातन संस्कृति का सत्य केसरिया
आसमान शुभ सवेरे होता केसरिया

जीवन दाता संसार उगता सूर्य केसरिया
भारत का उत्थान लायेगा केसरिया

उल्टा से उत्तम प्रदेश बनाएगा केसरिया
शर्म न करो सनातन धर्म है केसरिया

गोधूलि संध्या भी होती केसरिया
चांद भी चांदनी बिखेरता केसरिया

अखंड भारत की पहचान केसरिया
सर्व दुःख निवारण रंग केसरिया

योग योगी युवाओं सफल करे केसरिया
सनातन संस्कृति का सत्य केसरिया

इस होली

होलिका प्रवृत्ति है
आसपास तुम्हारे जो

वरदान आड़ जलाना
चाहती ख़ुशियाँ वो

करो दहन होलिका
दे दो आहुति बदरंग की

मनाओ ख़ुशियाँ तुम
सत्य सतरंगी जीवन की

होली में जला दे अवगुण

होली में जला दे अवगुण सबके
जो करे दूर कृष्ण तुझ से

आहुति में चड़ा दो तुम उन सबको
जो करे छल कृष्ण तुझ से

समझते हिरणयकश्यप जब है साधक
पहचान नहीं पाते प्रह्लाद तुझ को

तप में न ख़ुद तपने का प्रचलन साधे
होलिका रूप धर शर्मसार राधे तुझ को

होली में जला दे अवगुण सबके
जो करे दूर कृष्ण तुझ से

सत्य दर्शन

सत्य की पग डंडी
संकरी होती है
चलने वालों की
संख्या कम होती है

दिखावे का दायरा
चौड़ा होता है
चलने वालों का
रेला अधिक होता है

सत्य सनातन गुरु
विरले ही होते है
बसेरा उनका केवल
कुटिया होती है

स्वघोषित गुरु आवरण
धरे बहुत होते है
अंध भक्तों का
गिरोह क्षुद्रबुद्धि होता है

कहलाया गया आवारा

तेरी गलियों में तेरे दीदार का
इंतज़ार करने पर
कहलाया गया आवारा

तेरी इक झलक पाने के लिए
नज़रों घुमाने पर
कहलाया गया आवारा

तुझसे एक मुलाक़ात करने के लिए
दोस्तोंको मनाने पर
कहलाया गया आवारा

तेरे चाहनेवालों की होड़ में
आगे रहने पर
कहलाया गया आवारा

हवा में

गुज़री थी शायद वो अभी अभी
वरना तेरी ख़ुशबू न होती हवा में

झटकीं थी शायद जुल्फ़ें भीगी
वरना नमीं न होती हवा में

गिरी थी शायद वर्क तुम्हारी
वरना अँगड़िया न होती हवा में

थमीं थी शायद चाल तुम्हारी
वरना ख़ामोशी न होती हवा में

संस्कार और सभ्यता

संस्कार हर एक को धरोहर में
अपने पूर्वजों से स्वतः मिलते है

मात-पिता गुरु ज्ञान से
धरोहर सज़ोने के गुण मिलते है

सभ्यता किसी को भी धरोहर में
आसानी से नहीं मिलती है

उजागर होती निज कर्मो से
असभ्यता जब संस्कार भूले मिलते है

संस्कार ऊँचे और सत्य पथ

संस्कार ऊँचे मिले हमें
आदत मदद करने की हमें
हितैषी बनकर आए वो
क्षल से नुक़सान करने हमें

मिथ्या आचरण के आदी वो
चले थे प्रपंच में फ़साने हमें
सत्य पथ ही धर्म मेरा
जले वो, ख़ूश देखकर हमें

कोशिश की बहुत उसने
बिखरा हुआ वो पाए हमें
निज वंश नष्ट आमादा वो
ख़ुद को संभालना आता हमें

मुखोटा हितैषी का ओड़े वो
संस्कारो से डिगा सकते नहीं हमें
सत्य पथ ही धर्म मेरा
जले वो, ख़ूश देखकर हमें

सत्य और असत्य

सत्य आचरण से
डाकू से रामायण रचियता वाल्मीकि ऋषि हुए

छल कपट से
महापंडित जगत जननी हरता डाकू हुआ

सत्य राह चलकर
चरवाहा बालक चंद्रगुप्त सम्राट हुए

धोखे की बुनियाद पर
स्वजन क़त्ली औरंगज़ेब शासक हुआ

सच रक्षा के लिए
हरीशचंद्र राजा से चांडाल हुए

कपट खेल से
शकुनि बहिन वंश सर्वनाशक हुआ

सत्य खोज में
राजकुमार सिद्धार्थ गौतमबुध हुए

क्षद्म वेष लेकर
धर्मगुरु होकर भी राजभोगी हुआ

सच सत्य जीवन में
बुद्धि विवेक ज्ञान वृद्धि हुए

कपट पट पीछे
मानवता भक्ति का शोषण हुआ

सत्य राह पे
स्वभिमान बना रहा अनके रोड़े होते हुए

अधर्म पथ चलकर
पूर्वजों का नाम सम्मान सब शर्मसार हुआ

दीपावली का संदेश

युग सहस्त्र योजन दूर सूरज प्रकाश बाटे,
तब अंधकार पृथिवी का छँट जावे

एक दीपक की छोटी सी लौ जब जले,
तब आसपास अंधियारा कट जावे

दीपावली के इस पर्व में कोशिश करो,
सूरज सा बनने की सत्य ज्ञान से

तप कर सूरज न तुम अगर बन सको,
जलते रहो जैसे एक लौ दीपक से

कृष्ण अनुमोदित

सुनते है की तुम सर्व व्यापी हो कृष्ण,
वास हर जन में
सुनाते है कुछ साधक, रहते तुम
केवल उनके जाल में
साधना के पहले पायेदान पर चड़ते ही,
पहरेदार तुम्हारे
धमकाते फिर रहे, रमो उनके जैसे
वरना है पट बंद तुम्हारे

प्राक्रतिक नियम

प्राक्रतिक नियम जो करे पर हानि
लौट मिली उसको अपनी तबाही

उनसे मुझे कोई गिला नहीं
जो चाह रहे मेरी तबाही

उच्च संस्कार उन्हें मिले नहीं
न्योता दे रहे ख़ुद की तबाही

प्राक्रतिक नियम जिस तरह कोई हानि
उल्ट मिले उसी तरह उन्हें तबाही

नहीं पाता

झूँठ बोलकर कोई आगे
देर तक टिक नहीं पाता

काठ की हांडी आग
पर दोबारा चड़ा नहीं पाता

औलाद से जो न सम्मान
पाए कहीं इज़्ज़त नहीं पाता

दीमक जो घर कि नीव
लगे वो घर टिक नहीं पाता

दोहा

छल कोई कितना भी छिपाए छलक ही जाता है
दर्श न होकर अदर्शय 'सत्य आदर्श' हो ही जाता है

किया था कृष्ण ने, क्षमा शिशुपाल को शत बार
किया अंत भरी सभा, जब पाप हुआ सीमा पार

दोस्ती

दोस्ती में विश्वास का
कोई मोल नहीं होता हैं
परन्तु विश्वासघात का
अंजाम घातक होता है
दोस्ती में न लिखीं हुई
सीमायें होती हैं
परन्तु सीमायें लाँघने से
दोस्ताना कमज़ोर होता हैं
दोस्ती में ऊँच नीच का
भेदभाव नहीं होता है
परन्तु नीचा दिखाने से
याराना नहीं होता है
दोस्ती में कसमें वादे की
ज़रूरत नहीं होती है
परन्तु वादों की ज़रूरत पड़े
तो वो दोस्ती नहीं होती है

इंतज़ार

निग़ाहे बेताब आज भी
तुम्हारी एक झलक पाने को
कान तरसते आज भी
तुम्हारी एक आहट पाने को

अनेक

दिल की किताब में
लिखे हैं, न जाने कितनो के
अफ़साने अनेक

दुनिया के महफ़िल में
बँया करूँ, डरता हुँ टूटेंगे
दिल अनेक

हर क़िस्से को सजोंकर रखने में
चाहत भरें, दर्द समेटें लगेंगे
पन्ने अनेक

जो बैठकर तेरे आग़ोश में
कहूँ तो, सुनते हुए बीतेंगे
पहर अनेक

दिल की किताब में
लिखे हैं, न जाने कितनो के
अफ़साने अनेक

आगे बड़ चला

सफ़र ज़िन्दगी का आगे बड़ चला
अगली पीढ़ी का दायित्व बड़ चला

अनजाने संग सिलसिला जुड़ने का बड़ चला
दो परिवारों में सुख दुःख बाटना बड़ चला

अनेकानेक परम्पराओं का समावेश बड़ चला
दो धुरो की संस्कृति का मिलन बड़ चला

सफ़र ज़िन्दगी का आगे बड़ चला
अगली पीढ़ी का दायित्व बड़ चला

पड़ेगी छूँनी

छितज़ पार कामयाबी
की है मंज़िल

तो आसमा की ऊँचाई
पड़ेगी छूँनी

दूरी से न घबराते,
रहते हर मंज़िल

तो कामयाबी को सफलता
पड़ेंगी छूँनी

पलो में

डग मग रहते क़दम
जवानी के पलो में

पड़ी कईओ पे नज़र
मुलाक़ातो के पलो में

तुम पे निगाहें गयी ठहर
गुफ़्तगू के पलो में

कम हुआ नहीं इश्क़
एकाकी के पलो में

तेरी बेवफाई से

तेरी बेवफाई से दर्द हुआ था
पर भरोसा प्यार से नहीं टूटा था

तेरी बेवफाई से धोख़ा खाया था
पर मेरा विश्वास नहीं डगमगाया था

तेरी बेवफ़ाई से अलग थलग रहा था
पर हर राह पर नहीं अकेला था

पोन्नि के लिए

वक़्त चले अपनी रफ़्तार,
ज़ेब अचल रहे
अनुपम आपकी फ़ितरत,
फ़न अटल रहे

पल

इस पल इंतज़ार हैं किस पल का
हर पल इंतज़ार था इस पल का

इस पल इंतज़ार हैं उस पल का
उस पल इंतज़ार था इस पल का

भर पल इंतज़ार न करो हर पल का
पल भर इंतज़ार न करो इस पल का

कम होता नहीं

समय बीतने जाने से
बिछड़ने का दर्द कम होता नहीं

जवाँ जोश ढल जाने से
दिल का धड़कना कम होता नहीं

ऐ मेरे महबूब दूर जाने से
इश्क़ तुझे से कम होता नहीं

किस से कहे

ख़्यालों की दास्ताँ किस से कहे
उन्हें ये अपनी लगती जिस से कहे

सोते हुआ सपनो में तुम से कहें
होश आने पर तुमने हम से कहे

वक़्त तले दबे शिकवे किस से कहे
हमें बेवफ़ा कहते सब जिस से कहे

वफ़ा का इज़हार कैसे तुम से कहे
शिकायतों का हिसाब तूने हम से कहे

सीमा होती नहीं

इश्क़ करने के लिए
उम्र की सीमा होती नहीं

ख़ुश रहने के लिए
इश्क़ की सीमा होती नहीं

तुमसे मिलने की लिए
वक़्त की सीमा होती नहीं

रहेगा

न गिला रहेगा न शिकवा रहेगा
ऐ दोस्त तुझसे क्या छिपा रहेगा

न ग़म रहेगा न उदासीन रहेगा
ऐ दोस्त तुझसे क्या कोई ख़फ़ा रहेगा

न अकेला रहेगा न एकाकी रहेगा
ऐ दोस्त तुझसे क्या कोई दूर रहेगा

नहीं तुमने

वक़्त रहते बात कही नहीं तुमने
इशारा मेरा समझा नहीं तुमने

वक़्त ने कहां हमें पहुंचा दिया
बुलाया पास हमें नहीं तुमने

अचानक जो हुआ आमना सामना
भुलाया ऐसा लगा नहीं तुमने

तरो ताज़ा जो हुए बीते लम्हे
उम्मीदे मिलन मिटाई नहीं तुमने

आलिंगन आज रोका नहीं तुमने
हुआ मिलन आज रोका नहीं तुमने

न करो

मुस्कराकर हम से कहा न करो
नशीली नज़रों से देखा न करो

होश गवाना अच्छा नहीं लगता
जुल्फों को चहेरे से झटका न करो

मखमली स्पर्श न होना अच्छा नहीं लगता
यूं लहराते हुए पास से चला न करो

शबाबे लुत्फ़ न पाना अच्छा नहीं लगता
इस तरह शर्माए से रहा न करो

मुस्कराकर हम से कहा न करो
नशीली नज़रों से देखा न करो

पत्थर, ख़ुदा और मानवता

पत्थर की इमारत के अंदर सजदा करते
बाहर आकर मानवता पर पत्थर मारते

ख़ुद को ख़ुदा का नेक बंदा समझते
पत्थर मारा जिसे उसका ख़ुदा नहीं

या मानवता बटी दो ख़ुदा में समझते
एक रहता इमारत अंदर दूसरा नहीं

इमारत का पत्थर उस ख़ुदा की देन
मारने वाला पत्थर इस ख़ुदा की देन

बटा रहेगा ख़ुदा अंदर बाहर जब तक
मानवता शर्मसार रहेगी क़यामत तक

कुछ

हासिल किया है मैने काफ़ी कुछ
साथ दिया है तुमने बहुत कुछ

खोया भी है मैने थोड़ा बहुत
निभाया है तुमने फिर भी बहुत

मंज़िल अभी है अपनी दूर कुछ
चलना है साथ और कदम कुछ

रुकावटें भी है छोटी बहुत
मुश्किल पल काटने फिर भी बहुत

पाना है हमें जग में काफी कुछ
सत्य संग है तो बहुत कुछ

मानव, मज़हब, और मति

मति मानव की बया करती, मज़हब बूझा कितना
प्राण प्रतिष्ठा पत्थर तराश कर,
ईश्वर जाना कण कण में
ख़ुदा तराशे पर पत्थर मार कर, ईश्वर
नकारा पल पल में

मज़हब जान मति लगा कर,
पत्थर तराशते नेक मानव
करते उद्धार मानवता का

मज़हब आड़ मति गिरवी कर,
पत्थर चलाते दानविय मानव
करते शर्मसार कायनात का

हमने और अपने

दिल की किताब के
पन्नो को न खोला हमने
बंध किताब में लिख लिए
किस्से तुमने अपने

किसी से इश्क करने का
राज न पाया हमने
इस इश्क का राज
जानना चाहते कई अपने

सनातन सत्य भगवा

जागो फिर सवेरा हुआ,
आसमान भगवा दुशाला ओढ़े हुए

हर दिन शुरू हुआ,
जीवनदयनी अमृत कलश लिए हुए

करो आदर भगवा महिमा की,
यही सत्य सनातन है

पृथिवी पर अस्तित्व मिटाने की,
प्रथम कडी भगवा अनादर है

कलियुग की पहचान

सत्य सनातन विधि त्यागत
व्यापार भक्ति जग अपनात

अनमोल जीवन धर्म अनदेखत
प्रचारक सेवा समय गवात

ईश्वर परिवार वंदना नदारद
गुरु परिवार महिमा गावत

जननी मातपिता तिरस्कार करत
प्रचारक कुनबे जीवंधन लूटावत

परिंदो और इंसान

परिंदो से कुछ तो सीखो
तिनके तिनके जोड़कर
संजोते है अपना घरौंदा

इंसान से कुछ तो डरो
औरो का घरौंदा रौंदकर
बनाते है अपना आशियाना

दिवाली

छोटी छोटी टीम टिमाती दीपक की बाती से
जग में रोशनी फैलने का सदाबहार समय है

पल पल के हमारे तुम्हारे मिलन से
इस प्यार के किस्से निकले सबक

हलकी फुल्की खुशियों के पल संग बिताने से
जीवन में नीरसता से छुटकारा पाने का समय है

ऐसा व्यवहार

ऐसी नजरों से देखिए
उसकी नजर कहीं न भटके

जागते हुए हमपे रहे
सपने में भी हम पर अटके

ऐसी मुस्कान बिखेरियए
उसकी उदासीनता दूर रहे

साथ हो खिलता हुआ
दूरियां होते हुए भी खुश रहे

सावधान दोस्त

रूपसी के होठों की मुस्कुराहट पर
केवल फ़िदा न होना दोस्त
उसकी कातिल नजरों में छल को
पहचान ले पहले मेरे दोस्त

वक्त के चलते वो पालेंगे
कुछ और हमदर्द जताने वाले
कपटी कर्म को अंजाम देने के लिए
जरूरी है हमराज जानने वाले

डूब गया जो तू आज उसकी
शातिर मीठी चालों में दोस्त
डंक मारेगी वो उस समय जब
होगी उसकी जरूरत तुझे दोस्त

इतिहास गवाह है इस सत्य का
केकई ने ले ली जान दशरथ की
बिना मंथरा के होता न ये अंजाम
कलियुग में कई किस्से है दुनिया भर से
बचे रहो तुम ऐसे अंजाम से मेरे दोस्त

मिल तो सही

बीती हुई यादों को ताज़ा
करने के लिए ही मिल

ग़मे बिछड़ने की दास्ताँ को बयाँ
करने के लिए ही मिल

मिले तो

मिले जो तुम मुझसे
एक अरसे के बाद

बाट लो तुम मुझसे
सारे दर्द एक साथ

शिकवा करो तुम मुझसे
शिकायतें करो ख़त्म एक साथ

मिले जो तुम मुझसे
एक अरसे के बाद

तुम

अकेले सहे दर्द बाँटोंगे तुम
संग ख़ुशी के पल संजोगे तुम

खोए हुए पल भुलायोगे तुम
पास आकर जो बैठोगे तुम

न हुआ

तुमने मुहब्बत का इज़हार न किया
न ही मज़बूरी का एहसास दिया

वक़्त गुज़रता चला गया
मुहब्बत में विश्वास कम न हुआ

अरसे बाद तुम जब अचानक मिले
बिन बोले मुहब्बत का इकरार हुआ

दिल और पानी

दिल मेरा हैं धरे हुए
पानी का हर स्वरूप

मुस्कराकर जो देखा तुमने
पिघल गया दिल मेरा

मदमस्त जुल्फो से जो सहराया तुमने
भावूकता की भाप उमड़ उठी मेरे दिल से

रूठ के जो फेरा मुँह तुमने
सर्द बर्फ़ सा जड़ हो गया दिल मेरा

दिल मेरा हैं धरे हुए
पानी का हर स्वरूप

थकान

लम्बे सफ़र की थकान
उतर जाती है हर बार

हो जाती है जब
तुमसे बातें दो चार

तरसती आँखों की थकान
जाती हैं पल भर में उतर

मिल जाती हैं जब
तुमसे नज़र हर बार

शब्द

शब्दों को बोलने से
होता नहीं कुछ हासिल

शब्दों के अर्थों से
होता थोड़ा कुछ हासिल

शब्दों को डाल गीतों में
होता काफ़ी कुछ हासिल

शब्दों को पीरो कर सुरों में
होता अनंत सुख हासिल

शब्दों का मूल्य

मेरे
शब्दों की क़ीमत
न आका करो

मेरे
शब्दों का अर्थ
को समझा करो

मेरे
शब्दों के भावों
पर अमल करो

एक देश का सच

मेम संग रंग रलिया मनाने के लिए
बाँट दिया ईक देश एक झटके में

मैक्स म्यूलर के पद चिन्हों पर चल कर
मोह्ताज़ बना दिया सनातनी धर्मियो
को अपने ही देश में
बेघर बना दिया कश्मीरी पंडित्तो को
अपने ही देश में
राज्य से दर किनार दिया तमिल
ब्राह्मण्डो को अपने ही देश में

मेम की ख़ुशी के लिए
चिर हरण कर दिया भारत माँ का
इन देश के ग़दारो ने,
हैं
ये इस देश का सच

राजनीति तमाशा

देखो ये तमाशा,
देश में राजनीति की कहानी

करते है शब्द उचारन राज नीति
पर करते है केवल राज जिसमें है नहीं कोई नीति

करते है शर्मसार पूर्वजों को, नाम लेकर राजनीति
करते है अनुचित कर्म, रखके ताक हर सु नीति

देखो ये तमाशा, देश में राजनीति की कहानी

जागो सनातन और जगाओ पौरुष

सत्य सनातन केवल है एक
जागो और जगाओ पौरुष अपना

दरगाह पर क्यों शीश झुका रहा
गाह के दर पर छल कपट ही मिलेगा

सर तन से इस लिये जुदा हो रहा
सनातन का मक़बरा दरगाह पर ही मिलेगा

हो जायो समय रहते तुम एक
सत्य सनातनी रहे भविष्य अपना

दोहवाली

बचपन बीता ख़ेलत खावत,
योवन बीता सुंदरी धार धावत
गृहस्थ बीता रोज़ी कमात,
जीवन बीता अनजान राहें नापत

पत्थर और कोमलता

कुछ पल तुमने मुझे जाना
कठोर तुमने कह डाला
क्योंकि तुमने मुझे पत्थर माना

संयम से थोड़ा वक़्त बिताया होता
कोमलता का कठोरता पर पनपना
कुछ पल तो सरहाया होता

हरे भरे ख़ुशहाल का आनंद लिया होता
पत्थर के कड़ कड़ कोमलता लिए रहते हैं
थोड़ा बहुत अंतर्मन में झाँका होता

जीवन खेल

जीवन में पवित्र रिश्तों से
खेल करते है वो

खेल के खिलोने छल से
बदलते है वो

सत्य ये सब खिलोनो के
सृजनहार हो तुम कृष्ण

दंभक खेला कर अपमानित
कर रहे तुम्हें कृष्ण

पत्थर और हीरा

पत्थर कह तो दिया, नाजायज़ इश्क़ ख़ातिर तुमने
हीरा तो हीरा रहेगा, ग़मों के दवाब टूटूँगा नहीं

ठोकर मार कर, ख़ुशी का एहसास किया तुमने
हीरा हूँ हीरा रहूँगा, लड़गड़ा कर गिरूँगा नहीं

पाखंडी संग जो जाल साजी करनी चाही तुमने
हीरा हूँ हीरा रहूँगा, फ़रेब पनपने दूँगा नहीं

अकेला हुँ

खिलता हुँ अकेला
चाहे काटे रहे चारों ओर

फ़ैलाता हुँ कोमलता
चाहे चुभन रहे चारों ओर

दास्ताँ ग़मों की

किस किस से बया करे, दास्ताँ ग़मों की
मज़ाक़ में उड़ा देते हैं यार मेरे, दास्ताँ ग़मों की

मिलता नहीं सुकून सुना के उनको, दास्ताँ ग़मों की
पहुँचातीं हैं ठेस और गहरी, दास्ताँ ग़मों की

सह लेता हूँ दर्द अकेले याद करके, दास्ताँ ग़मों की
बाँटना आसान नहीं हैं इश्क़ की, दास्ताँ ग़मों की

खेल ही खेल में

खेल ही खेल में खेल
ऐसा खेल कर रहे कुछ वो

खेल में कहीं खेल
न हो जाए खेल ही खेल में

खेल में खेला करना
चाह रहे अज़ीब खेल से वो

अद्‌त खेल हुआ खेला
मिला उंको खेल ही खेल में

इस होली

होलिका प्रवृत्ति है
आसपास तुम्हारे जो

वरदान आड़ जलाना
चाहती ख़ुशियाँ वो

करो दहन होलिका
दे दो आहुति बदरंग की

मनाओ ख़ुशियाँ तुम
सत्य सतरंगी जीवन की

जान

वंदनीय जान में हो जान
तो जहान में है जान

वंचनीय जान में हो जान
तो ख़तरे में है जान

जान पे बन आए जान
तो न्योछावर है जान

जान अपरवश रखे जान
तो अधम है जान

क्यों लगे

जिस का कोई विश्वास नहीं
क्यों लगे तुम उसको प्रतिष्ठित बनाने में

जिस का कर्म धर्म परायण नहीं
क्यों लगे तुम उसको संत बनाने में

जिस का कोई अपना चरित्र नहीं
क्यों लगे तुम उसको भगवान बनाने में

चरित्र

तप से
महापंडित बन कर भी
संगीत से
शिव तांडव रच कर भी
छल से
परनारी हर लाया वो

केवल इस एक
चरित्र हीन कर्म के कारन

खोया तप का प्रताप सारा
खतम पाया उसने वंश सारा
महाविद्वान हो कर भी
न पूजा जाता रावण आज भी

सत्य और छल

सत्य आचरण से
डाकू से ऋषि वाल्मीकि हुए

छल कपट से
महापंडित जगतजननी हरता डाकू हुआ

सत्य राह चलकर
चरवाहा बालक चंद्रगुप्त सम्राट हुए

धोखे की बुनियाद पर
स्वजन क़त्ली औरंगज़ेब शासक हुआ

सच रक्षा के लिए
हरीशचंद्र राजा से चांडाल हुए

कपट खेल से
शकुनि बहिन वंश सर्वनाश हुआ

सत्य खोज में
राजकुमार सिद्धार्थ गौतमबुध हए

क्षद्म वेष लेकर
धर्मगुरु होकर भी व्यभिचारी हुआ

सच सत्य जीवन में
बूधि विवेक ज्ञान वृद्धि हए

छल छिप करके
भक्ति मानवता का शोषण हुआ

नहीं तुमने

वक़्त रहते बात कही नहीं तुमने
इशारा मेरा समझा नहीं तुमने

वक़्त ने कहां हमें पहुंचा दिया
बुलाया पास हमें नहीं तुमने

अचानक जो हुआ आमना सामना
भुलाया ऐसा लगा नहीं तुमने

तरो ताज़ा जो हुए बीते लम्हे
उम्मीदे मिलन मिटाई नहीं तुमने

आलिंगन आज रोका नहीं तुमने
हुआ मिलन आज रोका नहीं तुमने

काफ़ी कुछ

हासिल किया है मैने काफ़ी कुछ
साथ दिया है तुमने बहुत कुछ

खोया भी है मैने थोड़ा बहुत
निभाया है तुमने फिर भी बहुत

मंज़िल अभी है अपनी दूर कुछ
चलना है साथ और कदम कुछ

रुकावटें भी है छोटी बहुत
मुश्किल पल काटने फिर भी बहुत

पाना है हमें जग में काफी कुछ
सत्य संग है तो बहुत कुछ